BEI GRIN MACHT SICH I
WISSEN BEZAHLT

- Wir veröffentlichen Ihre Hausarbeit,
  Bachelor- und Masterarbeit

- Ihr eigenes eBook und Buch -
  weltweit in allen wichtigen Shops

- Verdienen Sie an jedem Verkauf

Jetzt bei www.GRIN.com hochladen
und kostenlos publizieren

Bibliografische Information der Deutschen Nationalbibliothek:

Die Deutsche Bibliothek verzeichnet diese Publikation in der Deutschen National-
bibliografie; detaillierte bibliografische Daten sind im Internet über http://dnb.d-
nb.de/ abrufbar.

Impressum:

Copyright © 2013 GRIN Verlag, Open Publishing GmbH
Druck und Bindung: Books on Demand GmbH, Norderstedt Germany
ISBN: 9783668435520

Dieses Buch bei GRIN:

http://www.grin.com/de/e-book/359348/recht-und-mediation-in-der-wirtschafts-
und-arbeitswelt

Andreas-Michael Blum

Recht und Mediation in der Wirtschafts- und Arbeitswelt

GRIN Verlag

GRIN - Your knowledge has value

Der GRIN Verlag publiziert seit 1998 wissenschaftliche Arbeiten von Studenten, Hochschullehrern und anderen Akademikern als eBook und gedrucktes Buch. Die Verlagswebsite www.grin.com ist die ideale Plattform zur Veröffentlichung von Hausarbeiten, Abschlussarbeiten, wissenschaftlichen Aufsätzen, Dissertationen und Fachbüchern.

Besuchen Sie uns im Internet:

http://www.grin.com/

http://www.facebook.com/grincom

http://www.twitter.com/grin_com

Dr. Andreas-Michael Blum, LL.M.

Recht und Mediation in der Wirtschafts- und Arbeitswelt

Einsendearbeit im Rahmen der Weiterbildung zum Mediator

Hochschule Wismar – University of Applied Sciences

Technology, Business and Design

Lösung der Aufgabe 1[1]:

Wirtschaftsmediation umfasst als Maßnahme des Konfliktmanagements[2] die Bearbeitung von rechtlichen, organisatorischen und personellen Konflikten von Unternehmen und Behörden auf betrieblicher/geschäftlicher Ebene, die in einem wirtschaftlichen Zusammenhang stehen[3]. Sie dient der Erarbeitung sachlicher Lösungen und fördert die „Dialog-, Kooperations- und Gestaltungsfähigkeit"[4] der Konfliktpartner untereinander und damit der Aufrechterhaltung der betrieblichen/geschäftlichen Beziehungen[5].

Die **Vorteile der Wirtschaftsmediation** sind: 1. Sie ist eine sofort ein- bzw. umsetzbare, schnelle, effiziente und unbürokratische Maßnahme zur Konfliktlösung. 2. Sie spart Zeit, (Folge-)Kosten (z.B. keine Gerichtskosten/Auslagen für Zeugen, Sachverständigen; keine Rufschädigungskosten) und Aufwand für Gerichtsverfahren. 3. Sie belässt die Entscheidungsautonomie bei den Parteien und macht eine kooperative, konstruktive Konfliktlösung möglich. 4. Sie kann ein positives Betriebsklima herstellen und Geschäftsbeziehungen der Konfliktpartner ohne Imageverlust aufrechterhalten[6].

Weitere **Akteure bzw. Maßnahmen des Konfliktmanagements** sind: **Mobbing-/ Gleichstellungsbeauftragte** als Teil des Betriebs- bzw. Personalrats in Behörden und Unternehmen bieten Betroffenen im Rahmen ihrer gesetzlichen Aufgaben[7] Unterstützung, Beratung und Hilfe an, gehen aufgrund einer Beschwerde gegen Diskriminierung, Benachteiligung und Mobbing vor, können die Versetzung/Entlassung des Mobbenden

---

[1] Aus Gründen des Urheberrechts kann die Darstellung der Aufgaben 1 und 2 hier nicht wiedergegeben werden.

[2] Nicht erörtert werden die Maßnahmen zur gerichtlichen Streitbeilegung: z.B. die außergerichtliche Durchführung des Versuchs einer Mediation (§ 253 Abs. 3 Nr. 1 ZPO), die gütliche Beilegung des Rechtsstreits in jeder Lage des Verfahrens (§ 278 Abs. 1 ZPO), der gerichtliche Vorschlag einer Mediation oder eines anderen Verfahrens der außergerichtlichen Konfliktbeilegung (§§ 113 Abs. 1 FamFG, 155 S. 1 FGO, 202 S. 1 SGG, 173 S. 1 VwGO i.V.m. § 278a Abs. 1 ZPO entsprechend; 36a Abs. 1 FamFG; 46 Abs. 2 S. 1 ArbGG i.V.m. § 253 Abs. 3 Nr. 1 ZPO; 54a Abs. 1, 80 Abs. 2 S. 1 ArbGG), die Verweisung der Parteien an den nicht entscheidungsbefugten Güterichter (§ 278 Abs. 5 S. 1 ZPO) und die mündliche Erörterung (§ 492 Abs. 2 ZPO).

[3] *Silke Schneider*, Mediation in der Wirtschafts- und Arbeitswelt, Skript Modul V, Auflage 1/2013, Wismar, S. 4, 5.

[4] Zitat von *Silke Schneider*, a.a.O. (Fn. 2), S. 4.

[5] *Silke Schneider*, a.a.O. (Fn. 2), S. 5; *eucon | Europäisches Institut für Conflict Management e.V.*, Was ist Wirtschaftsmediation bzw. Business Mediation?, Quelle: http://www.eucon-institut.de/faq.html#2 (aufgerufen am 23.05.2013).

[6] *Silke Schneider*, a.a.O. (Fn. 2), S. 15.

[7] Z.B. §§ 1ff. AGG; 75ff. BetrVG; 1ff. BGG; 19ff. BGleiG; 67ff. BPersVG.

verlangen, einen außergerichtlichen Einigungsversuch einleiten oder den Abschluss einer Betriebsvereinbarung zum Schutz vor Mobbing erzwingen[8]. In Abgrenzung zur Wirtschaftsmediation findet keine strukturierte Konfliktbearbeitung statt. Mobbing-/ Gleichstellungsbeauftragte sind wegen ihrer Eingliederung in den Betrieb bzw. die Dienststelle keine unabhängigen und allparteilichen Mediatoren.

Betriebliche KonfliktlotsInnen[9], externe Konflikt-Hotlines[10], Fall- bzw. Case ManagerInnen[11], interne Mediatoren-Pools[12], Konfliktberatung und zentrale Konfliktanlaufstellen[13] sind Teil des (außer-)betrieblichen Konflikt- und Qualitätsmanagementsystems[14], die sich als erste Ansprechpartner/Anlaufstelle für Konflikte mit der Analyse, Beratung, Hilfeplanung, Bewertung, Implementierung, Kommunikation, Vermittlung oder dem Management von Konflikten und ihren Methoden, Instrumenten sowie deren Steuerung (Controlling) beschäftigen. In Abgrenzung zur Wirtschaftsmediation bearbeiten sie nicht den eigentlichen Konflikt, sondern vermitteln an interne und externe Experten (z.B. Mediatoren, Coachs) weiter.

---

[8] *Mobbingbeauftragte des Personalrats der Helmut Schmidt Universität*, Kleiner Ratgeber für Betroffene, Quelle: http://www.hsu hh.de/mobbing/index_DNguGnX2mzAhB1PJ.html (aufgerufen am 23.05.2013).

[9] *Beteiligungskultur QUAK*: Betriebe lernen streiten, S. 2 (linke Spalte), Quelle: http://www.beteiligungskultur.de/adapt/pdf/AD_QUAK.pdf (aufgerufen am 24.05.2013).

[10] *Kirchlicher Dienst in der Arbeitswelt (KDA)* in Kiel, Quelle: DAG Mobbing-Beratungstelefon, Quelle: http://www.hsu-hh.de/mobbing/index_6BfVwS1HPhF0UkBf.html (aufgerufen am 24.05.2013); *Mobbing-Hotline Baden-Württemberg der SAMA e.V.*, Konflikten konstruktiv begegnen, Quelle: www.sama.de/homepage/dokumente/4_Modul_2_Konflikten_konstruktiv_begegnen_Dipl._Soz._Edith_Schellha mmer.pdf (aufgerufen am 24.05.2013).

[11] *Peter Löcherbach*, Qualifizierung im Case Management - Bedarf und Angebote, Quelle: http://www.case-manager.de/download/loecherb_2_auf.pdf (aufgerufen am 24.05.2013).

[12] *Christian Bähner/Elke Schwertfeger*, Mediation als Angebot zur betriebsinternen Kundenorientierung. Interview mit *Dr. Jürgen Klowait*, in: Spektrum der Mediation 39/2010, Quelle: http://www.bmev.de/fileadmin/downloads/spektrum/sdm39_sonderdruck_klowait_eon.pdf (aufgerufen am 24.05.2013).

[13] *Conflict management partners GmbH*, Outsourcing, Quelle: http://www.cm-partners.de/leistungen/outsourcing.html (aufgerufen am 24.05.2013).

[14] *INSITE-Interventions GmbH*, Konfliktmanagement, Lösung von Konflikten am Arbeitsplatz, Quelle: http://insite-interventions.com/us/Themen/konfliktmanagement (aufgerufen am 24.05.2013).

Die **Teambildung/-entwicklung**[15] zur Förderung/Steigerung der Produktivität und Kooperationsbereitschaft im Team, das **(Team-)Training**[16] zur Verbesserung der Leistungsfähigkeit des Teams oder als Begleitung von (Entwicklungs-/Veränderungs-) Prozessen, das **(Business-)Coaching**[17] als Maßnahme zur Entwicklung beruflicher Ziele und dazugehöriger Kompetenzen, die **kollegiale Beratung (Intervision)**[18], bei der sich gleichgestellte Personen bei der Lösung von fachlichen Fragen gegenseitig beraten, die **Organisationsentwicklung/-beratung**[19] als Strategie des Wandels der durch die Unternehmens- und Organisationskultur bedingten Veränderungen im Unternehmen und das **Change Management**[20] zur laufenden Anpassung von Unternehmensstrategien sind Instrumente der betrieblichen Personalplanung und Organisationsentwicklung.

In Abgrenzung zur Wirtschaftsmediation findet bei den vorgenannten Konfliktmanagementmaßnahmen keine Bearbeitung des individuellen Konflikts mit den Parteien statt. **Bilaterale Verhandlungen**[21], bei der zwei oder mehrere Parteien den Konflikt durch eine Einigung ohne Beteiligung eines Dritten beilegen, die **anwaltliche Vermittlung**, bei dem der/die Rechtsanwalt/Rechtsanwältin einseitig von der Partei (Mandant) zur Durchführung eines anwaltlichen Vermittlungsgesprächs mit der Gegenseite beauftragt wird, das **informelle Schlichtungsgespräch**[22], bei dem ein neutraler Vermittler ein oder mehrere Schlichtungsgespräche mit den Parteien führt, das zu einem Schlichterspruch führt, das

---

[15] *Wikipedia*, Teambildung, Quelle: http://de.wikipedia.org/wiki/Teambildung (aufgerufen am 24.05.2013).

[16] *Wikipedia*, Training, Quelle: http://de.wikipedia.org/wiki/Training (aufgerufen am 24.05.2013).

[17] *Wikipedia*, Coaching, Quelle: http://de.wikipedia.org/wiki/Coaching (aufgerufen am 24.05.2013).

[18] *Wikipedia*, Kollegiale Beratung, Quelle: http://de.wikipedia.org/wiki/Kollegiale_Beratung (aufgerufen am 24.05.2013).

[19] *Gerhard Schewe*, Stichwort: Organisationsentwicklung, Quelle: Gabler Verlag (Hrsg.), Gabler Wirtschaftslexikon, http://wirtschaftslexikon.gabler.de/Archiv/2479/ organisationsentwicklung-v7.html (aufgerufen am 24.05.2013); *Reiner Ponschab/Renate Dendorfer*, Konfliktmanagement im Unternehmen, in: *Fritjof Haft/Katharina von Schlieffen (Hrsg.)*, Handbuch Mediation, 2. Aufl., München 2009, S. 597, 598, Rz. 29-31.

[20] *Gerhard Schewe*, Stichwort: Change Management, Quelle: Gabler Verlag (Hrsg.), Gabler Wirtschaftslexikon, http://wirtschaftslexikon.gabler.de/Archiv/2478/change-management-v8.html (aufgerufen am 24.05.2013).

[21] *Wikipedia*, Verhandlung, Quelle: http://de.wikipedia.org/wiki/Verhandlung (aufgerufen am 24.05.2013).

[22] Zum Ablauf, Durchführung der Schlichtungsgespräche mit dem Schlichterspruch im „Stuttgart 21"-Verfahren: *Wikiwam*, Quelle: http://stuttgart21.wikiwam.de/Schlichtung (aufgerufen am 24.05.2013).

vertrauliche **Vier-Augen- bzw. Einzelgespräch**[23], bei dem angestaute Emotionen oder schwelende Konflikte in einem Gespräch zwischen zwei Personen ohne Einschaltung eines Beobachters/Dritten besprochen bzw. geklärt werden sollen, der **Vergleich**[24], der als Vertrag den Streit oder die Ungewissheit der Parteien über ein Rechtsverhältnis durch gegenseitiges Nachgeben beendet (§ 779 Abs. 1 BGB), die **mündliche Ermahnung**[25], die dem Arbeitnehmer nicht gravierende arbeitsvertragliche Pflichtverletzungen vor Augen führt, ohne dass - wie bei einer **schriftlichen Abmahnung -** Konsequenzen für den Bestand oder Inhalt des Arbeitsverhältnisses drohen, sind wichtige Bestandteile der außergerichtlichen Streitbeilegung und des Konfliktmanagements.

In Abgrenzung zur Wirtschaftsmediation können die zuvor beschriebenen Maßnahmen zwischen den Parteien konfliktregulierend und streitbeendend zu einer Win-Win-Lösung führen, ohne dass ein neutraler, unabhängiger Mediator eingeschaltet wird.

BEM-Beauftragte bzw. BEM-Verantwortliche[26], die im Auftrag des Arbeitgebers das betriebliche Eingliederungsmanagement für den/die länger als sechs Wochen arbeitsunfähig erkrankte/n Arbeitnehmer/in implementieren, durchführen und überwachen[27], **Compliancebeauftragte**[28], die die Einhaltung von Gesetzen und (Verhaltens-)Regeln in Unternehmen überwachen sowie die **Datenschutzbeauftragten**[29], die der Geschäftsleitung in Unternehmen und Behörden unmittelbar unterstellt, unabhängig und weisungsfrei sind und den Umgang von und mit personenbezogenen Daten überwachen[30], sind weitere Akteure des betrieblichen Konfliktmanagements.

---

[23] *Winfried Berner*, Einzelgespräche: Fortschritt unter vier Augen, Quelle: http://www.umsetzungsberatung.de/methoden/einzelgespraech.php (aufgerufen am 24.05.2013); *Benno Heussen*, Die Auswahl des richtigen Verfahrens - ein Erfahrungsbericht, in: *Fritjof Haft/Katharina von Schlieffen (Hrsg.)*, Handbuch Mediation, 2. Aufl., München 2009, S. 217, Rz. 1.

[24] *Reiner Ponschab/Renate Dendorfer*, Konfliktmanagement im Unternehmen, in: *Fritjof Haft/Katharina von Schlieffen (Hrsg.)*, Handbuch Mediation, 2. Aufl., München 2009, S. 598, Rz. 32.

[25] *Wikipedia*, Ermahnung, Quelle: http://de.wikipedia.org/wiki/Ermahnung (aufgerufen am 24.05.2013).

[26] *Wikipedia*, Betriebliches Eingliederungsmanagement, Quelle: http://de.wikipedia.org/wiki/Betriebliches_Eingliederungsmanagement (aufgerufen am 24.05.2013).

[27] Vgl. § 84 Abs. 2 SGB IX.

[28] *Wikipedia*, Compliance (BWL), Quelle: http://de.wikipedia.org/wiki/Compliance_(BWL)#Complianceprozesse (aufgerufen am 24.05.2013).

[29] *Wikipedia*, Datenschutzbeauftragter, Quelle: http://de.wikipedia.org/wiki/Datenschutzbeauftragter (aufgerufen am 24.05.2013).

[30] Vgl. §§ 4f, 4g BDSG.

Gleichwohl es bei den vorgenannten Akteuren zu Konflikten in organisatorischer, personeller oder rechtlicher Hinsicht kommen kann, handeln sie kraft ihrer vertraglichen/gesetzlichen Aufgaben nicht als unabhängige, neutrale und allparteiliche Mediatoren.

Der auf Initiative von Staatsanwaltschaft/Gericht in jedem (vor-)gerichtlichen Verfahrensstadium eingeleitete **Täter-Opfer-Ausgleich (TOA)** [31] dient der Wiedergutmachung, bei dem die erhebliche persönliche Leistung und die Entschädigung des Opfers einer Straftat im Vordergrund stehen. Im Gegensatz zur Wirtschaftsmediation ist der TOA keine problem- und interessenorientierte Lösung von Konflikten mit Wirtschaftsbezug, sondern ausgleichsbezogen, weil der strafrechtliche Sachverhalt und/oder die Schuld des Täters geklärt sind. Der hinter der Straftat stehende Konflikt kann aber nicht gelöst, sondern nur über einen persönlichen/finanziellen Ausgleich zwischen Täter und Opfer für die Zukunft gemildert werden[32].

Im Rahmen des **Schiedsgutachtens** als Vorstufe zu anderen Verfahren (einstweiliger Rechtsschutz, Gerichtsverfahren), das die verbindliche Klärung einzelner (technischer) Fragen bzw. eines abgrenzbaren Streitpunkts zum Gegenstand hat[33], findet in Abgrenzung zur Wirtschaftsmediation keine interessenorientierte Konfliktbearbeitung, sondern die Befassung einer Vorfrage bzw. Erstattung eines Gutachtens mit Bindungswirkung für die Parteien unter Einschaltung eines neutralen und unabhängigen Dritten statt[34].

Im gesetzlich nicht geregelten **Schlichtungs- und Ombudsverfahren** erörtert ein neutraler Dritter den Konflikt mit den Parteien, bei dem am Ende der Schlichter bzw. die Ombudsperson den Parteien einen rechtlich unverbindlichen Schlichtungs- bzw. Lösungsvorschlag unterbreitet[35]. Anders als bei der Wirtschaftsmediation werden im Schlichtungs- und Ombudsverfahren die Interessen der Parteien nicht erforscht. Wegen der Lösungsempfehlung durch den Schlichter bzw. die Ombudsperson ist die Eigenverantwortlichkeit der Parteien bei der Konfliktlösung eingeschränkt.

---

[31] Vgl. §§ 46a Nr. 1 und Nr. 2 StGB; 136 Abs. 1 S. 4; 153a Abs. 1 S. 2 Nr. 5, 155a, 155b StPO.

[32] *Wikipedia*, Täter-Opfer-Ausgleich, Quelle: http://de.wikipedia.org/wiki/T%C3%A4ter-Opfer-Ausgleich (ausgerufen am 29.05.2013).

[33] *Silke Schneider*, a.a.O. (Fn. 2). S. 13; *Heussen*, a.a.O. (Fn. 22), S. 218, Rz. 4.

[34] *Greger*, in: *Reinhard Greger/Hannes Unberath (Hrsg.)*, Mediationsgesetz, Kommentar, München 2012, Teil 1, S. 23, Rz. 72 und Teil 3, S. 225, Rz. 14, 15.

[35] *Silke Schneider*, a.a.O. (Fn. 2). S. 11; *Heussen*, a.a.O. (Fn. 22), S. 218, 219, Rz. 5; *Unberath*, in: *Reinhard Greger/Hannes Unberath (Hrsg.)*, a.a.O. (Fn. 33), Teil 1, S. 19, 20, Rz. 56, 58, 59.

Im Rahmen des **gerichtlich vorgeschalteten obligatorischen Güteverfahrens** unterbreitet der Schlichter als unabhängiger, neutraler Dritter in bestimmten Rechtsstreitigkeiten den Parteien mit Wohnsitz im gleichen Gerichtsbezirk einen Einigungsvorschlag, der nur dann für die Parteien bindend ist, wenn sie ihn annehmen[36]. In Abgrenzung zur Wirtschaftsmediation findet keine Konfliktbearbeitung statt; lediglich das streitige, auf bestimmte Ansprüche begrenzte Rechtsverhältnis ist Verfahrensgegenstand.

Im **schiedsrichterlichen Verfahren**, das als privater Prozess für Streitigkeiten mit Bezug auf ein Rechtsverhältnis über vermögensrechtliche Ansprüche außerhalb des staatlichen Gerichtsverfahrens angelegt ist[37], bestimmen die Parteien aufgrund einer schriftlichen Schiedsvereinbarung (Schiedsabrede, Schiedsklausel) die Auswahl der Schiedsrichter, die als Schiedsgericht einen die Parteien bindenden Schiedsspruch mit den Wirkungen eines rechtskräftigen gerichtlichen Urteils fällen[38]. In Abgrenzung zur deutlich schnelleren Wirtschaftsmediation hat/haben der/die Schiedsrichter die abschließende Entscheidungsbefugnis, bei dem nicht die Konfliktbearbeitung, sondern das streitige, objektiv-rechtlichen Maßstäben unterworfene Rechtsverhältnis Verfahrensgegenstand ist.

Beim **Beschwerderecht des Arbeitnehmers** wegen Benachteiligungen oder sonstigen Beeinträchtigungen im Zusammenhang mit dem Arbeitsverhältnis (§§ 84, 85 BetrVG), im **Verfahren vor der Einigungsstelle** zur Beilegung von Meinungsverschiedenheiten zwischen Arbeitgeber und Arbeitnehmer (§ 76 Abs. 1 S. 1 BetrVG), in den zur Beilegung von Streitigkeiten zwischen Ausbildenden und Auszubildenden gebildeten **Schlichtungsausschüssen** (§ 111 Abs. 2 ArbGG) und in dem durch den Arbeitgeber/Betriebsrat eingeleiteten **Vermittlungsverfahren** (§ 112 Abs. 2 BetrVG), bei dem der Vorstand der Bundesagentur für Arbeit oder ein von ihm bevollmächtigter Bediensteter um die Vermittlung für einen nicht zustande gekommenen Interessenausgleich/Sozialplan ersucht wird, findet keine strukturierte Konfliktbearbeitung durch die Parteien statt.

---

[36] Das sind Geld- bzw. geldwerte Ansprüche bis 750 Euro, Ansprüche gem. §§ 910, 911, 923 und 906 BGB (Nachbarrecht); Ansprüche wegen Verletzung der persönlichen Ehre, die nicht in Presse bzw. Rundfunk begangen worden sind sowie Ansprüche nach Abschnitt 3 des AGG, vgl. § 15a Abs. 1 S. 1 Nr. 1 bis 4, Abs. 2 S. 2 EGZPO.

[37] Für das schiedsrichterliche Verfahren gelten die §§ 1025 ff. ZPO.

[38] *Silke Schneider*, a.a.O. (Fn. 2), S. 10, 11; *Heussen*, a.a.O. (Fn. 22), S. 219, 220, Rz.7; *Unberath*, in: *Reinhard Greger/Hannes Unberath (Hrsg.)*, a.a.O. (Fn. 33), Teil 1, S. 24, Rz. 77, 78.

Wegen der Anfechtbarkeit der in der Einigungsstelle gefassten Beschlüsse fehlt es an der Freiwilligkeit und Autonomie der Parteien, das Einigungsstellenverfahren jederzeit zu beenden.

Lösung der Aufgabe 2:

In der Aufgabe wird ein Konflikt zwischen zwei Gruppen einer neu organisierten Abteilung eines Unternehmens angesprochen, bei dem heftiges Konkurrenzverhalten, der fehlende Austausch über die Arbeit, die sinkende Arbeitsmotivation und Abwanderungspläne Indikatoren für eine gestörte Kommunikations- und Arbeitsbeziehung[39] der MitarbeiterInnen sind.

Da sich ein betriebsinterner, bislang nicht offen ausgetragener Konflikt zwischen zwei rivalisierenden Gruppen abzeichnet, sind in der **Vorbereitungsphase** in einem ersten Schritt nähere Informationen über alle Beteiligten und den Konfliktverlauf einzuholen. Mit dem Entwicklungsdirektor als Initiator der Mediation und/oder der Geschäftsleitung (Auftraggeber) kläre ich im Gespräch, wie er/sie von dem Konflikt erfahren hat, welche Personen Kenntnis von dem Konflikt haben, ob er/sie an dem Konflikt beteiligt ist, wie er/sie aus seiner/ihrer Sicht den Konflikt subjektiv einschätzt, woran er/sie den Konflikt objektiv festmacht, was sein/ihr konkretes Interesse an der Durchführung der Mediation ist, welche Erwartungen/Ziele er/sie an die Mediation hat, ob bzw. welche Konflikthandhabungsstrategien bisher eingesetzt worden sind.

Die Antworten auf die Fragen notiere ich, denn sie sind für mich eine erste Einschätzung, ob die Mediation in diesem Fall das geeignete Verfahren zur Konfliktlösung ist. Ferner weise ich drauf hin, dass bereits die Pre-Mediation kostenpflichtig ist und vermerke den Hinweis in meiner Akte. Schließlich bitte ich um die Übersendung eines Organigramms, aus der sich die Stellung, Funktion, Position, Aufgaben und/oder Entscheidungskompetenzen der einzelnen Mitarbeiter ergeben (falls vorhanden) und hole mir das Einverständnis der Geschäftsleitung ein, mit den einzelnen Konfliktbeteiligten während ihrer Arbeitszeiten über den Konflikt kurz und unter Wahrung der Vertraulichkeit in einem separaten Raum zu sprechen.

---

[39] *Silke Schneider*, a.a.O. (Fn. 2), Seite 7 (unter Punkt 2.1).

Da der Entwicklungsdirektor mich bittet, die Mediation durchzuführen und den Konflikt zu lösen, kläre ich ihn bzw. die Geschäftsleitung in einem zweiten Schritt über die Grundsätze der Mediation auf und informiere über meine Ausbildung und berufliche Erfahrung in der Mediation. Ferner mache ich ihm deutlich, dass Hierarchien bzw. Ränge zwischen den MitarbeiterInnen keinen Platz in der Mediation haben und Vertraulichkeit auch bedeutet, dass ich keine Einzelheiten/Einschätzungen über die MitarbeiterInnen gegenüber dem Entwicklungsdirektor und/oder der Geschäftsleitung abgebe.

Letzteren Punkt über Art und Umfang der Vertraulichkeit vereinbare ich schriftlich im Mediationsvertrag. Um das Vertrauen der MitarbeiterInnen in meine Person als Mediator und für die Akzeptanz des Verfahrens zu werben, führe ich in einem dritten Schritt in einem separaten Raum vor Ort vertrauliche Einzelgespräche mit allen Konfliktbeteiligten durch, indem ich zunächst über meine neutrale, unabhängige und allparteiliche Rolle, über das Verfahren und die Vertraulichkeit in der Mediation informiere und offenlege, wie ich von dem Konflikt in der Abteilung erfahren habe.

Dann kläre ich mit allen Beteiligten, wer oder was den Konflikt ausgelöst hat und seit wann er für den/die Mitarbeiter/in offen/spürbar zutage tritt, welche Person noch vom Konflikt erfahren hat, betroffen ist oder weiß, was der Konflikt bei ihnen auslöst, wer Sieger/Verlierer des Konflikts ist, wer Führer/Außenseiter in der Gruppe ist und warum, was im letzten halben Jahr einschneidende Punkte für die MitarbeiterInnen in der Abteilung waren, ob der Betriebsrat Kenntnis vom Konflikt hat und ob seine Teilnahme am Verfahren notwendig ist, ob die TeilnehmerInnen über die Mediation informiert sind und ihre Teilnahme hieran freiwillig ist.

Die Freiwilligkeit der Teilnahme soll sicherstellen, dass entgegenstehende Anweisungen des Arbeitgebers die autonome, eigenverantwortliche Konfliktlösung der Parteien nicht behindern[40]. Im Rahmen der Vorgespräche mit den einzelnen MitarbeiterInnen konzentriere ich mich ganz auf die Person, beobachte seine/ihre Mimik und Gestik und mache mir Notizen.

Bei einer unübersichtlichen Gruppenkonstellation und/oder erkennbar starken Machtgefällen führe ich die Vorgespräche in Zusammenarbeit mit **einer Co-Mediatorin bzw. eines Co-Mediators.**

---

[40] *Silke Schneider*, a.a.O. (Fn. 2), S. 18 (unter Punkt 5.4).

In einem vierten Schritt kläre ich mit der Geschäftsleitung weitere wichtige Eckpunkte des Mediationsvertrags[41], die abschließend verschriftlicht und von beiden Vertragsparteien unterzeichnet werden.

Die **Phase 1** (Einführung) findet in einem hellen, lichtdurchfluteten Hotel- bzw. Seminarraum (mit Nebenräumen für Einzelgespräche) statt, der eine vertrauliche, ungestörte und zügige Mediation ohne Ablenkung ermöglicht. Er ist ausgestattet mit fünf Pinnwänden, einem Moderatorenkoffer, Getränken, Netbook und Drucker.

Das **Setting** ist als ein Kreis (evtl. auch zwei Kreise) mit Stühlen mit distanzierten Sitzpositionen angeordnet (um den nötigen äußeren Abstand der TeilnehmerInnen zu wahren), in dessen Mitte (jeweils pro Phase) eine Pinnwand steht und ich als Mediator für alle gut sichtbar bin. Nach einer kurzen Begrüßung frage ich zunächst, ob sich etwas Neues seit den Vorgesprächen mit den MitarbeiterInnen aus der Vorbereitungsphase ergeben hat (z.B. neue Beteiligte/Informationen/ Abteilungsstruktur). Das in der Vorbereitungsphase umworbene und ggfs. gewonnene Vertrauen der MitarbeiterInnen in meine Kompetenz als Mediator und in die Mediation als strukturiertes, zukunftsorientiertes Konfliktlösungsverfahren wird jetzt in der **Phase 1** durch die schriftliche Vereinbarung verbindlicher Gesprächs- und Umgangsregeln (z.B. Zuhören, Ausreden lassen, Respekt und Wertschätzung füreinander, Umgang mit Informationen nach innen und außen, Rederecht, Redezeit, Pausen) verstärkt.

Umgekehrt achte ich in dieser und in den weiteren Phasen darauf, dass bei Regelverletzungen die verbindlichen Gesprächs- und Umgangsregeln eingehalten und durchgesetzt werden (z.B. in Einzelgesprächen).

Ferner betone ich in dieser Phase, dass es für den Erfolg der Mediation entscheidend auf die Freiwilligkeit, Eigenverantwortlichkeit und vor allem die Ergebnisoffenheit der Parteien ankommt, um die Motivation, Kommunikation und Teilhabe/Mitarbeit aller Beteiligten zu fördern.

---

[41] Wichtige Regelungen im Mediationsvertrag sind: Vertragspartner, Aufgaben als Mediator, Gegenstand und Umfang der Mediation, Einbeziehung eines Co-Mediators/einer Co-Mediatorin, Honorare für (Co-)Mediatoren, Beginn, Ort und voraussichtliche zeitliche Dauer, Mitwirkungspflichten des Auftraggebers, Gegenstand und Umfang der Vertraulichkeit, Kündigungsrechte, Titulierung einer Abschlussvereinbarung, evtl. Check-up/Evaluation.

Zudem verdeutliche ich den TeilnehmerInnen in dieser und bei Bedarf in den weiteren Phasen, dass Ränge, Rituale oder Hierarchien für die Konfliktbearbeitung außen vor sind und die Vertraulichkeit inner- und außerhalb des Mediationsverfahrens oberste Priorität hat.

Diese Punkte formuliere ich mit den MitarbeiterInnen gemeinsam in einer **Zielvereinbarung**, die ich an der Pinnwand visualisiere und zur Herstellung der Verbindlichkeit von jedem/jeder einzelnen Mitarbeiter/in zu unterzeichnen ist. Schließlich erörtere ich mit allen Konfliktbeteiligten den Ablauf, die Struktur der Mediation und behalte mir die Durchführung von vertraulichen Einzelgesprächen vor.

Nach einer kurzen Pause leite ich mit den Worten: *„Jetzt möchte ich mit Ihnen in die Themensammlung einsteigen und gemeinsam anschauen, wo Ihnen konkret der Schuh drückt. Welche Sachthemen für eine gemeinsame Konfliktbearbeitung können Sie benennen?"* zur **Phase 2** (Themensammlung) über. Hierzu formuliert jede/r Teilnehmer/in für sich seine/ihre Themen stichwortartig auf Karten, die er/sie im Anschluss kurz erläutert und in Absprache mit mir an die mit dem Thema *„Ihre Sachthemen"* überschriebene Pinnwand hängt. Durch Handabstimmung der TeilnehmerInnen erfolgt ein Votum, welches Thema als erstes, zweites, drittes usw. bearbeitet werden soll, wobei ich betone, dass alle Themen gleich wichtig sind und in der Reihenfolge nacheinander bearbeitet werden. Die Voten werden von mir an der Pinnwand vermerkt. Abschließend lobe ich die TeilnehmerInnen, dass sie sich kommunikativ und produktiv in die Themensammlung eingebracht haben.

Nach einer längeren Pause leite ich in die **Phase 3** (Interessen) über, indem ich mit den Worten: *„Jetzt möchte ich mit Ihnen gerne klären, was Sie jenseits der Sachthemen bewegt. Insbesondere, was sind Ihre Anliegen, Interessen und Bedürfnisse, die dahinter liegen?"* eine neue Pinnwand mit der Überschrift „Ihre Anliegen/Interessen/Bedürfnisse - *Ich wünsche mir...*" in den Kreis der TeilnehmerInnen einführe. Um den Bezug zu den zuvor erarbeiteten Sachthemen herzustellen, hänge ich die Karten mit den Sachthemen von der zweiten Pinnwand ab und hefte sie in der Reihenfolge links an die „Anliegen/Interessen/ Bedürfnisse"-Pinnwand, während mittig und rechts viel Raum bleibt für die Formulierung der Interessen durch die TeilnehmerInnen. Mit Fragen: *„Wieso ist Ihnen das Sachthema (...) wichtig?"*, *„Was stört Sie, wenn Sie hier von der Abwanderung [=Sachthema] einzelner Mitarbeiter hören?"*, *„Was hat Sie im bisherigen Verlauf der Umorganisation [=Sachthema] der Abteilung am meisten gekränkt?"* oder *„Was für einen Umgang wünschen Sie sich in der Abteilung?"* erfrage ich die individuellen Anliegen, Interessen und Bedürfnisse der einzelnen MitarbeiterInnen und notiere sie rechts mit Bezug zum jeweiligen Sachthema.

Bei vielschichtigen, komplexen Sachthemen visualisiere ich mittels eines auf der Spitze stehenden **Problemdreiecks** an der Pinnwand, welche Säulen (z.B. im Verhalten, in den Arbeitsabläufen, in der Organisationsstruktur) das Sachthema um den Konflikt in der Abteilung stützen. Durch aktives Zuhören, Nachfragen, Zuammenfassen, Spiegeln und unter Einsatz von Körpersprache (Mimik und Gestik) und Präsentationstechniken (z.B. Visualisierung der Maslow'schen Bedürfnispyramide) unterstütze ich bei Bedarf einzelne TeilnehmerInnen beim Herausarbeiten/Wahrnehmen von Ängsten, Wünschen, Erwartungen und Bedürfnissen und der sich anschließenden Erhellung ihrer Sichtweisen.

Sollte die Erarbeitung der Interessen/Bedürfnisse ins Stocken geraten[42], führe ich bei Bedarf **Einzelgespräche** in den Nebenräumen durch und hole mir zuvor das Einverständnis bei dem/der betreffenden Teilnehmer/in ab, während sich die anderen Beteiligten für die Fortsetzung der Mediation bereithalten. Abschließend bedanke ich mich bei den TeilnehmerInnen für ihre Offenheit, einander ihre Interessen/Bedürfnisse zu offenbaren und sie wechselseitig anzuerkennen.

Nach einer kurzen Pause leite ich durch Hereinfahren der mit der Überschrift „Lösungsoptionen" versehenen Pinnwand in die **Phase 4** (Lösungsoptionen) über. Zur Überleitung wähle ich die Worte: „*Nachdem Sie sich wechselseitig auf die Interessen und Bedürfnisse Ihrer KollegInnen eingelassen haben, lade ich Sie jetzt ein, kreativ zu sein und gemeinsam im Brainstorming möglichst viele alternative Lösungsoptionen zu entwickeln, die ich an der Pinnwand notiere. In einem zweiten Schritt bewerten Sie Ihre Lösungsoptionen mit ‚Ja' wie ‚umsetzbar' oder ‚Nein' wie ‚nicht umsetzbar', die ich an der Pinnwand vermerke. Zum Schluss notiere ich diejenigen Lösungen, die nach der SMART-Methode für Sie spezifisch, messbar, erreichbar, durch wen und bis zu welchem Zeitpunkt umzusetzen sind.*" Hauptaufgabe des Mediators ist in dieser Phase die Schaffung einer kreativen Arbeitsatmosphäre für die Beteiligten (z.B. durch Raumveränderung, Änderung von der Sitz- zur Stehposition).

An die Medianden gerichtete Wunsch- bzw. zukunftsorientierte Fragen und Bilder unterstützen sie dabei, miteinander in einen aktiven Verhandlungsdiskurs einzutreten. Bei Bedarf führe ich nach Einholung des Einverständnisses bei dem/der betreffenden Teilnehmer/in Einzelgespräch in den Nebenräumen durch.

---

[42] So die Empfehlung von *Silke Schneider*, a.a.O. (Fn. 2), S. 20 (unter Punkt 5.7).

Nach kurzer Pause leite ich durch Hereinfahren der Pinnwand mit der Überschrift „Abschlussvereinbarung" über in die **Phase 5** (Abschlussvereinbarung). Ich bitte die Parteien, ihre ausgehandelten Lösungen an der Pinnwand in ihrer Sprache zu verschriftlichen. Parallel zu der von den Parteien an der Pinnwand festgehaltenen Abschlussvereinbarung notiere ich in meinem Netbook die Abschlussvereinbarung, drucke sie dreifach aus und lege sie den Parteien zur Unterzeichnung vor, die ich ebenfalls unterschreibe. Abschließend weise ich die Parteien darauf hin, dass sie die Abschlussvereinbarung durch externen anwaltlichen Rat auf deren Kosten jederzeit prüfen lassen können, dokumentiere den Hinweis und danke den Parteien dafür, dass sie das Mediationsverfahren mit der Abschlussvereinbarung für sich erfolgreich und zufriedenstellend abgeschlossen haben.

Der „Elefant des Recht"

Der „Elefant des Rechts" steht als ein Bild für die Frage, ob das Recht als Gesamtheit der formellen Gesetze und der geltenden Rechtsprechung seinen Platz in der Mediation hat, wer und zu welchem Zeitpunkt das Thema Recht in die Mediation einbringt und schließlich die Frage, wie viel Raum der „Elefant des Rechts" in der Mediation einnehmen darf. Der „Elefant des Rechts" hat seinen anerkannten Platz in der Mediation. So wie der Elefant in Originalgröße in der Natur sein Revier und damit seinen Raum für die Entfaltung seiner Bedürfnisse braucht, ist das Recht raum-, norm- und verfahrensprägend für die Interessen und Werte einer Zivilgesellschaft. Das verbindet Recht mit der Mediation als strukturiertes Verfahren, weil die Interessen und Bedürfnisse der Medianden Teil dieser Werte sind.

So wie der Elefant auf das Zusammenspiel von Wasser, Nahrung und Klima zwingend angewiesen ist, kommt die Mediation ohne das Recht nicht aus. Beispiele sind die Vereinbarung von Scheidungs- und Trennungsfolgen in der Familienmediation, in der ausgewogene Regelungen bei Vermögen, Sorge- und Umgangsrecht der Kinder oder die Unzulässigkeit des Verzichts auf zukünftigen Kindesunterhalt relevant bzw. zwingend sind.

Auch im Rahmen der Unternehmensnachfolge sind (steuer-)rechtliche Vorgaben bei der Bewertung, Übertragung und Umwandlung von Unternehmen auf andere Unternehmensträger und damit zusammenhängende Formvorschriften (Schriftform, notarielle Beurkundung) im Rahmen einer Mediation zwingend zu beachten.

Nicht anders verhält es sich in einer Mediation mit Erben, in der die rechtliche Stellung der Pflichtteilsberechtigten, die Ausschlagung des Erbes, Anfechtung und Nichtigkeit von Testamenten/Erbverträgen oder die schenkungs- bzw. erbschaftsteuerlichen Regeln nicht umgangen werden dürfen. Schließlich sind bei Mediationen in der Arbeitswelt der Vorrang von Tarif- und Betriebsvereinbarungen, zwingende Arbeitnehmer- (z.B. Gesundheitsschutz, Sicherheit am Arbeitsplatz, Zeugnisanspruch) bzw. Arbeitgeberrechte (z.B. Weisungs- und Direktionsrecht) bei der Konfliktlösung einzubeziehen. Da die Mediation ein strukturiertes Verfahren der *Kommunikation in Phasen* ist, sind es die autonom handelnden, eigenverantwortlichen Medianden, der/die (Co-)Mediator/in mit juristischem Beruf oder die Parteianwälte als einseitige Interessenvertreter der Parteien, die das Recht in die Phasen der Mediation einführen.

Sie kommunizieren im Mediationsverfahren über das Recht und seine Legitimation, Anwendung, Reichweite und Durchsetzung. Die Entscheidung über den Zeitpunkt, wann Recht in der Mediation sinnvoll und konstruktiv ist, ist allein der/dem Mediator/in überlassen. Und das aus guten Gründen: Sie/er muss als Herrin/Herr des Verfahrens die Einführung des Rechts für die Parteien legitimieren, damit das Mediationsverfahren struktur-, kommunikationsbezogen und lösungsorientiert bleibt.

Eine zu frühe Einbeziehung des Rechts kann die Parteien auf ihre (Rechts-) Positionen zurückwerfen und eine wertschätzende, aufbauende und annähernde Kommunikation stören. Aber auch in der Phase der Erarbeitung von Lösungsoptionen besteht die Gefahr, Handlungsspielräume und Lösungsalternativen zu verkleinern, wenn der Blick einseitig auf den Automatismus von Tatbestand und Rechtsfolgen einer Vorschrift statt auf Ideen, Kreativität und Umsetzbarkeit von Handlungsalternativen der Parteien gelenkt wird.

Doch wie viel Raum darf der/die Mediator/in dem „Elefanten des Rechts" in der Mediation geben? Die Beantwortung der Frage hängt davon ab, welche Vor- und Nachteile das Recht den Medianden zur Konfliktlösung bietet. Ein Vorteil, der für die Einbeziehung des Rechts in die Mediation spricht, ist das Verständnis von Recht als eine Art „Lösungskultur" des Gesetzgebers, der die Vielfältigkeit menschlicher Lebensgestaltung als Sachverhalt begreift und programmatische Rechtsfolgenlösungen bereitstellt. Für die Medianden kann das Recht in der Mediation ein normativer Vergleichsmaßstab dessen sein, was sie an übereinstimmenden Werten, Interessen und Bedürfnissen ausgemacht haben. Das normativ geprägte Recht ist bestens dafür geeignet, Begrifflichkeiten nicht neu zu erfinden (z.B. Schadensersatz, Vertragsstrafe).

Der größte Vorteil, den das Recht den Medianden bei dessen Einbeziehung bieten kann, ist, dass es - abgesehen von zwingenden Formvorschriften und Nichtigkeitsfolgen - weitestgehend zwischen den Parteien in ihrer Geltung, Reichweite und Umsetzung kommunizier- und verhandelbar ist.

Nicht zu verschweigen sind die Nachteile, die gegen die Einbeziehung des Rechts in die Mediation sprechen: Zu viel Raum für Rechtsanwendung kann die Parteien als autonome Akteure daran hindern, ihren Konflikt wahrzunehmen und ihre Kreativität für die Lösungsfindung einzusetzen. Fazit: Der/die Mediator/in sollte nach sorgfältiger Abwägung der Vor- und Nachteile mit den Medianden im konkreten Einzelfall klären, ob das Recht im Interesse der Parteien und für das Mediationsverfahren förderlich bzw. hilfreich ist. Dieser Ansatz ermöglicht dem/der Mediator/in, den „Elefanten des Rechts" mal kleiner, mal größer werden zu lassen.